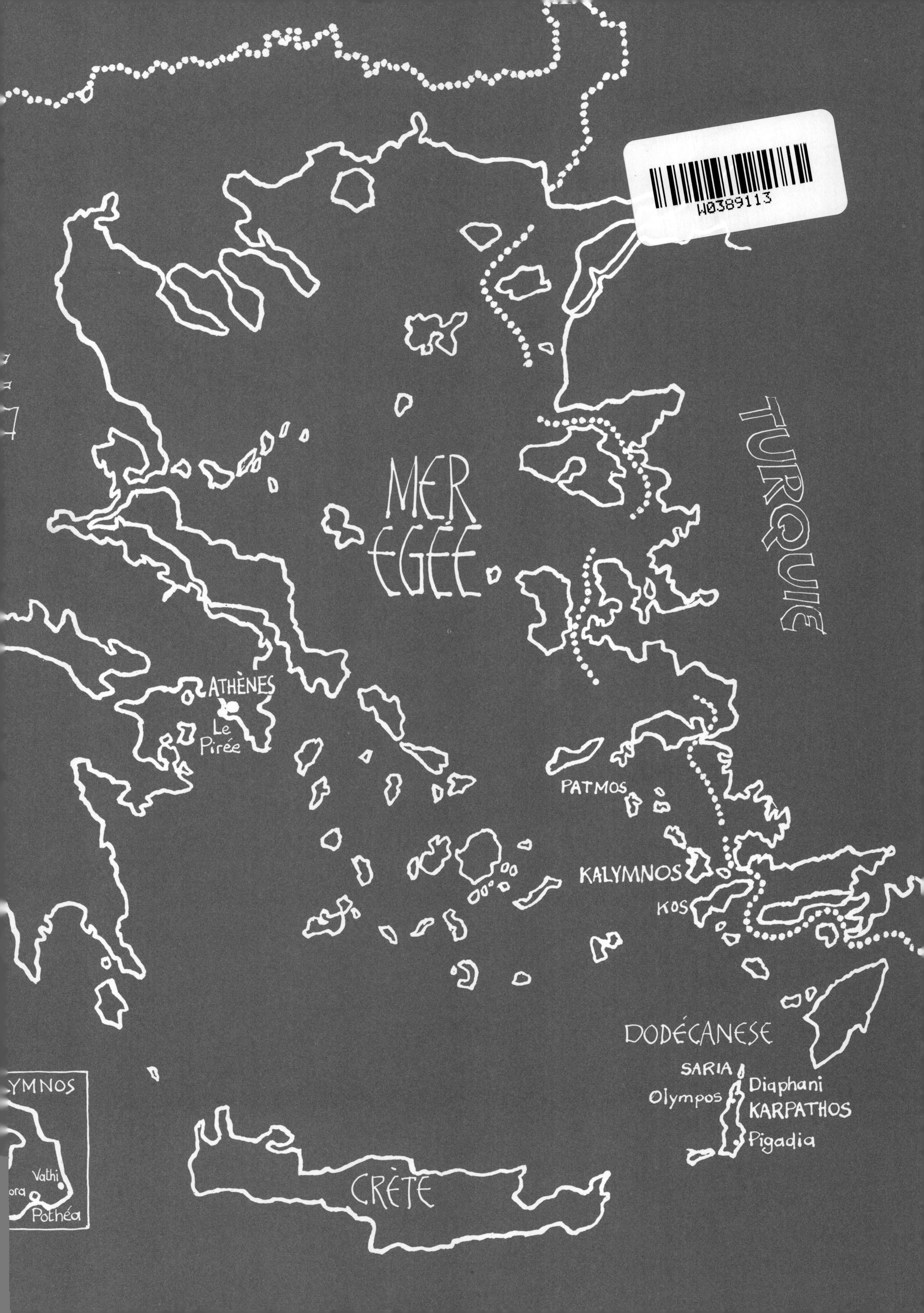
MER
EGÉE
TURQUIE
ATHÈNES
Le Pirée
PATMOS
KALYMNOS
KOS
DODÉCANESE
SARIA
Diaphani
Olympos
KARPATHOS
Pigadia
CRÈTE
Vathi
Pothéa

Annick et Yves Griosel

SPIROS
L'ENFANT GREC PÊCHEUR D'ÉPONGES

ÉDITIONS G.P.
8, rue Garancière - 75006 Paris

ANNICK GRIOSEL

YVES GRIOSEL
Cinéaste-Reporter
Membre du Club Connaissance du Monde

Divers ouvrages de Yves Griosel

Pyrénées souterraines. – Flammarion, 1959.
Des abîmes et des hommes. – Promotion et Edition, 1966. (Epuisé.)
Iles grecques et pêcheurs d'éponges. – A. Bonne, 1971. (Epuisé.)
Stella et les oiseaux du marais. – Rouge et Or, 1975.

Photographies de Y. et A. GRIOSEL
Appareil NIKON F1
Films et Photos AGFA-GEVAERT
CAMÉRA BOLEX EL et CAISSON ÉTANCHE
pour les prises de vues sous-marines du film :
À la voile aux îles grecques.

Printed in France
ISBN 2-261-00288-2

A Dimitri
A Tassos et Katina
A tous nos amis grecs
en remerciement de leur aide
et de leur gentillesse.

Spiros.

JE m'appelle Spiros, je suis grec de l'île de Kalymnos et j'ai douze ans.

Vous ne savez peut-être pas où est Kalymnos, alors, regardez la carte tout au début du livre. Après avoir situé la Grèce et la mer Égée, cherchez l'archipel du Dodécanèse, qui s'étire le long de la côte turque, et c'est là, entre Kos et Patmos, que se trouve Kalymnos.

Je ne connais que mon île, aussi je ne peux pas vous dire si elle est plus belle que les autres, mais j'y suis bien parce que j'y suis né.

Chez nous, les hommes font un des plus durs métiers du monde..., je vous en parlerai plus tard. Avant, visitons mon village et ma maison.

En débarquant, venant du Pirée ou d'ailleurs, vous êtes à Pothéa, la capitale. A travers la forêt de mâts des caïques (1) au mouillage, vous découvrez les maisons bleues et blanches, rangées

(1) Bateaux grecs.

Pothéa, le port de Kalymnos.

comme des cubes sur des étagères tout autour du port. C'est la coutume ici de les peindre aux couleurs de notre drapeau.

On trouve tout ce qu'on veut à Pothéa. Il y a des magasins, des *cafénion* (1), une poste, une mairie, deux écoles et beaucoup d'églises.

A la belle saison, plusieurs fois par semaine, des caïques venant de Kos tiennent marché flottant le long du quai. Avec Yorgo, mon meilleur copain, nous aidons souvent les commis à décharger les cageots de fruits et légumes. En échange, nous recevons quelques drachmes (2) et courons acheter *Mickey-Mouse* ou des bonbons. Sauf... sauf quand il y a des *carpousia,* la meilleure des récompenses, et croyez-moi, une belle tranche de pastèque bien mûre, ruisselante de jus, vaut mieux que toutes les sucreries.

Au-dessus de Pothéa, au bout de la vallée, c'est Chora. Nous l'appelons aussi le *chorio,* le village.

Pour y aller c'est facile. Vous tournez le dos au port et aux bateaux, choisissez la première rue en face et, sans vous occuper de la droite ni de la gauche, prenez toujours celle qui monte.

A mi-chemin il y a le *kastello,* qui date des croisés. Dans les ruines de ce vieux château, seule la chapelle de la Panaghia Chrysochéra, la Vierge à la Main d'Or, est encore debout.

Derrière les cyprès, sous les eucalyptus, ces maisonnettes de toutes les couleurs, ce sont les tombes du cimetière.

Si vous avez chaud, reposez-vous à l'ombre du figuier près de la fontaine, et là-bas, sous la falaise, c'est mon *chorio.* Un peu à l'écart en suivant la route, cette maison avec un arbre et une touffe mauve de bougainvillées :

— *Iné spiti mu.* (C'est ma maison.)

Chaque printemps, avec maman et Cathérini, ma grand-mère, nous badigeonnons les murs, la terrasse et l'intérieur au lait de chaux. Comme ça, en été, la maison est toujours fraîche, même pendant les plus fortes chaleurs. Le blanc, dit maman, renvoie les rayons du soleil.

Dedans c'est tout simple : une entrée pavée de jolis galets que papa a remontés de la plage, une cuisine avec cheminée, la réserve pour les provisions et deux chambres.

Le four à pain est dehors et nous allons chercher l'eau au *chorio.*

La maison, le village, c'est bien, c'est tranquille, mais je m'y ennuie quelquefois. Yorgo et tous mes amis sont à Pothéa, aussi, je suis plus souvent en

... et croyez-moi, une belle trancne de pastèque...

---

(1) Petits cafés.
(2) Monnaie grecque.

Caïque maraîcher.

ΣΕΒΑΣΤΗ

Ma maison.

bas qu'en haut. Et puis en bas... il y a la mer.

Je vais souvent au chantier naval, sur la route de Vathi. D'ailleurs, c'est là que j'ai rencontré mes nouveaux amis.

J'ai tout de suite vu que c'étaient des *xénos,* des étrangers, avec leurs appareils photo à l'épaule. Je me suis approché et, surpris, j'ai entendu qu'ils parlaient grec avec Panayotis, le chef des charpentiers.

Ils disaient qu'ils voulaient embarquer avec un équipage de scaphandriers et partir en mer filmer leur travail. Ils avaient l'air de s'y connaître !

Kalymnos, c'est l'île des sfoungaradès, des pêcheurs d'éponges, vous le savez maintenant.

L'homme, le moustachu, m'a fait un clin d'œil.

Grand-mère Cathérini.

Le chantier naval.

— *Ti télis pédimou?* (Que veux-tu, mon petit?)

— *Tipota, tipota.* (Rien, rien.)

Et, tout d'un coup, j'ai proposé mes services...

L'affaire a été vite conclue devant un verre de limonade, et voilà comment cette histoire a commencé.

D'abord, j'ai mis leurs prénoms à la sauce grecque : Yves est devenu Ivan ; Annick, Anna. Ensuite je les ai aidés à monter leur camp sous les caroubiers, derrière la maison de grand-mère, près du port. Depuis, je les accompagne partout. Ils veulent tout voir, tout connaître. Ils passent des heures au *café-nion* à parler avec les vieux capitaines, écrivent des pages et des pages sur l'histoire de l'île, les coutumes, le travail des éponges.

Nous venons après la sieste écouter Alékos. Il a toujours de nouvelles aventures de mer à raconter.

Il boit une gorgée de café, lève un doigt et commence :

— Un jour..., sur la côte sud de la Crète, au large de l'île de Gavdos, je travaillais depuis de longues minutes sur un banc de splendides *zimokas,* des éponges de la meilleure qualité.

» Je m'étais mis à l'eau à midi. La lumière descendait à pic et à cinquante mètres de fond on se serait cru dans l'église Saint-Pantéleimon quand le soleil passe à travers les vitraux et illumine les voûtes. Il faisait clair comme sur le pont. Soudain, la mer s'est obscurcie et j'ai senti un poids énorme sur ma tête et mes épaules. J'avais l'impression que le ciel m'écrasait.

» Je suis tombé sur les genoux, puis

à plat ventre, mais j'ai tout de même eu le temps d'apercevoir les ailes d'une raie. Une raie aussi grande que le caïque venait de se coucher sur moi.

» Le casque enfoncé dans le sable, les bras coincés, je ne pouvais remuer. L'air arrivait encore, mais je ne voyais plus rien. La raie ne bougeait pas, elle restait là à me couver pour ainsi dire !... Vous pensez si j'ai eu peur, je me voyais mourir sous la bête.

» Quand, tout à coup, j'ai cessé d'appuyer sur la soupape de purge à l'intérieur du casque. Aussitôt, l'air s'est arrêté de fuser, mon habit s'est gonflé..., gonflé..., la pression a soulevé la raie et hop !... j'ai bondi vers la surface.

» Heureusement que le bateau n'était pas juste au-dessus, j'aurais pu me fracasser sous la coque !

» Les autres, ceux de l'équipage, n'ont jamais voulu me croire et se sont longtemps moqués de moi. Pourtant, je l'ai bien eue sur le dos, cette raie, aussi vrai que je vous vois.

Ivan, qui est plongeur sous-marin et connaît bien les poissons, m'a dit que l'histoire d'Alékos était très jolie mais qu'il avait surtout pas mal d'imagination !...

Nous faisons aussi la tournée des pêcheurs. Rentrés à l'aube, ils apportent leur poisson à l'*agora,* le marché, puis, jusqu'au soir, réparent leurs filets. Papa a déjà voulu m'apprendre à remailler, mais j'ai trouvé ça trop long et ennuyeux.

Il arrive que les pêcheurs remontent de curieuses choses et Vassili nous montre un vase turc qu'il a trouvé ce matin dans son tramail (1).

Nous n'avons pas encore d'équipage qui accepte d'embarquer Ivan et Anna

(1) Filet.

et nous revenons au chantier pour en discuter avec les capitaines.

J'aime cette crique, elle sent les algues, la peinture, le bois ; odeurs de voyage et d'aventure qui me donnent une folle envie de partir.

Les hommes s'affairent autour des bateaux. Là, on aligne un arbre d'hélice ; plus loin, on dresse un mât; à côté, des calfats bourrent d'étoupe les coutures d'une vieille coque. Un voilier (1) tire l'aiguille sur un grand foc de toile brune, les charpentiers clouent, rabotent, ajustent, les peintres barbouillent, puis, un à un, les lourds caïques ventrus sont poussés à la mer.

L'*Aghios Spiridon,* le caïque de papa, est un des derniers à rester à terre. Repeint de neuf, il attend l'installation d'un sondeur électronique que papa est allé acheter à Athènes. Il dit qu'avec cet appareil on lit le relief sous-marin sur un écran, plus besoin de la ligne plombée pour tâter le fond.

Depuis quelques jours, une idée me trotte dans la tête. Si je demandais à papa, capitaine Diamantis, d'emmener Ivan et Anna filmer ses scaphandriers...

Papa est revenu d'Athènes et il n'est pas du tout d'accord pour prendre des étrangers à bord.

— *Apokliété!* (Ce n'est pas possible !) Nous sommes déjà dix avec les plongeurs et l'équipage, plus les vivres, l'eau, les fûts de mazout, les coffres des plongeurs, la pompe... Non, ce n'est pas possible !

» Den boro agorimou ! (Je ne peux pas, mon garçon !) Tu sais que nous allons jusqu'en Libye, où l'on trouve les éponges les plus belles, les plus fines, mais il faut des permis, des

(1) Ouvrier qui fait ou raccommode les voiles des navires.

Vassili nous montre un vase turc.

Les pêcheurs au port.

autorisations pour pêcher dans les eaux étrangères... et, avec eux à bord, je risque d'avoir des ennuis lors des contrôles douaniers.

Anna a insisté, disant qu'ils avaient l'habitude de la mer, qu'ils ne gêneraient pas et qu'ils ne voulaient pas sortir des eaux territoriales grecques, et ci, et ça...

— La campagne dure six mois, je ne pourrai pas vous ramener à Kalymnos au bout de quelques jours, il faudra que je vous débarque en route, mais où ?

— Le plus loin possible, répond Ivan, qui saute sur l'occasion. Quelles sont les dernières îles avant la haute mer ?

— Karpathos et la Crète.

— C'est parfait !

C'est à ce moment que je fonce tête baissée :

— Papa, nous avons des parents à Karpathos, n'est-ce pas ?

— Oui, ton oncle Socratis a pris femme là-bas, mais il y a deux ans qu'ils ont quitté l'île pour aller travailler en Australie. Maria est restée au *chorio,* à Olympos, pour garder la maison et s'occuper du troupeau. Je ne la connais que par une photo que nous a envoyée Socratis pour son baptême, il y a quinze ou seize ans. Elle doit avoir bien grandi !

Ivan pouffe. Le visage de papa s'éclaire, ses yeux rient, mais il se mord la moustache. La partie n'est pas encore gagnée.

— J'aimerais bien la connaître, cette cousine, et si j'allais avec vous ? Tu m'avais promis de m'emmener un jour. Et puis, je ne pars jamais en vacances, ni à Athènes comme Manoli, ni à Kos comme Dimitri, ni en France comme les fils Koutouzis, et puis, et puis...

Et puis papa m'a lancé :

— Spiros, tu veux être *sfoungaradès ?* Alors d'accord, tu viendras.

Depuis, je ne vis que dans l'attente du départ, prévu chaque année après Pâques.

Durant la quinzaine qui précède, camions et triporteurs font la navette entre les magasins et le port.

Jour après jour, les caïques avalent vivres et matériels divers pour les six mois de campagne.

Je suis chargé du pointage à l'embarquement. L'*Aghios Spiridon* a bon appétit :

— Farine, haricots, fèves, 10 bidons.

— Kavournas (viande salée conservée dans la graisse), 2 barils.

— Maridès (poissons au sel), olives, huile, 1 baril de chaque.

— Paximadi (pain desséché au four), biscuits, 10 bidons.

Plus l'eau douce, le mazout et quelques bouteilles d'*ouzo* (apéritif anisé) pour les fêtes carillonnées.

L'avitaillement terminé, l'*Aghios Spiridon* se balance au bord du quai, prêt à appareiller.

Le carême se termine le soir du samedi saint. La pensée des fêtes qui vont suivre nous met de bonne humeur.

Au *chorio,* la nuit tombée, les rues grouillent de gens endimanchés et nous emboîtons le pas à la foule pressée d'atteindre l'esplanade.

Papa achète des cierges garnis de rubans bleus et blancs. L'église est déjà pleine lorsque nous arrivons. Ivan me hisse sur ses épaules et je domine la cérémonie.

Pendant la liturgie, les popes vont, viennent, dans un nuage d'encens.

L'iconostase (1) est décorée de fleurs et de rameaux d'olivier.

A minuit, la joie explose !... Les cloches sonnent, des centaines de cierges s'allument, le *chorio* s'illumine.

(1) Endroit où l'on expose les images pieuses.

L'*Aghios Spiridon*, avitaillement.

— *Christos Anesti, Christos Anesti!* (Christ est ressuscité!)

Cette phrase, cent fois répétée, vole d'une bouche à l'autre, d'un bout à l'autre de l'île.

— Ivan, papa! Le feu d'artifice!

Des milliers d'étoiles filantes partent dans le ciel de Kalymnos et retombent en pluie dans les eaux noires du port.

Maman retourne à la maison en protégeant la flamme de nos cierges. S'ils arrivent allumés, le bonheur rentrera avec eux.

La nuit prend fin dans l'allégresse. Les familles sont réunies autour de la table pascale garnie de la traditionnelle soupe *avgolémono,* aux œufs et au citron, d'agneau rôti et d'une montagne de pâtisseries à la cannelle et à la fleur d'oranger.

Quelques jours après, c'est le départ.

Les caïques impatients tirent sur leurs amarres, la Marine hellénique a envoyé d'Athènes une vedette rapide et ses matelots.

Sur le port, marins et *sfoungaradès* participent au rituel « Dîner d'Amour » qui précède de peu la longue séparation.

La foule des parents et amis se presse sur le quai. L'évêque, suivi des notables, bénit la flottille. Les filles, venues de Vathi, Argos, Myrtiès, Chora, dansent au son des violons.

L'icône d'Aghios Nicolaos, le patron des marins, est portée d'un caïque à l'autre.

Maman me serre fort, très fort, me couvre de recommandations, Cathérini pleure dans son foulard noir.

— *Laska!* crie le capitaine Diamantis.

Les amarres tombent à l'eau.

— *Yassou, kalo taxidi!* (Au revoir, bon voyage!)

Le « Dîner d'Amour ».

Je suis fier d'être parmi les hommes, les *sfoungaradès.* J'agrippe les haubans et me hisse jusqu'en haut du mât.

— *Adio, mama, adio!*

... ET LA GRANDE AVENTURE DES *SFOUNGARADÈS* COMMENCE!

Nous avons navigué toute la journée et une partie de la nuit. Fatigué par les émotions du départ, je me suis endormi très tôt dans la couchette de papa.

Il est à peine sept heures lorsque je me réveille. Je sors du poste quand, déjà, le premier plongeur fait surface dans un bouillonnement d'écume. Seul le casque émerge, tête de monstre percée de quatre gros yeux ronds.

Christos le hale vers le caïque avec la corde de sécurité qui tient le plongeur en laisse.

« Adio, mama, adio ! »

Les éponges, de grosses boules noires criblées de trous.

Le premier plongeur fait surface.

Le maître d'équipage bloque le casque sur la collerette.

Stratis saisit le filet plein d'éponges et le jette sur le pont. De grosses boules noires, criblées de trous, dégageant une forte odeur d'iode s'en échappent et je me rappelle alors la leçon que le maître nous a faite l'année dernière, quand nous sommes allés visiter le musée Vouvalis.

Vangélis enjambe le plat-bord.

Les Vouvalis, vieille famille kalymniote de patrons pêcheurs, ont aménagé un musée où sont exposées toutes sortes de curiosités trouvées par les plongeurs : poteries, pièces de monnaie, amphores, jarres... ainsi que des variétés d'éponges pêchées en mer Égée, en Libye et à Djerba, en Tunisie.

Les éponges sont des animaux, pourtant elles n'ont ni tête, ni pattes, ni queue. Leur corps poreux permet à l'eau de mer de circuler et, au passage,

A la barre, papa dirige le caïque.

Fixation du *torako.*

l'éponge retient les sels minéraux dont elle se nourrit.

En fait, c'est un animal primitif qui vit comme une plante, accroché aux rochers du fond de la mer.

Le deuxième scaphandrier est prêt. D'un coup sec, le maître d'équipage bloque le casque sur la collerette. Vangélis enjambe lourdement le plat-bord, saute, reste quelques secondes en surface, chasse l'air et s'enfonce rapidement dans un gargouillis qui me serre le cœur. Le tuyau file entre les mains de Costas comme un long serpent noir.

La voix nasillarde de Vangélis nous parvient par le téléphone sous-marin :

— *Laska, laska !*

Il demande de laisser aller le tuyau et la corde pour accélérer sa descente.

Sans cesse, Stratis annonce la profondeur :

Les éponges ont perdu leur peau noire.

— *Ikosi mia, ikosi dio..., ikosi pendé..., ikoso okto..., trianda !*

Le plongeur touche le fond vers trente brasses, plus de cinquante mètres.

A la barre, papa dirige le caïque en suivant les bulles formées par l'air que rejette le scaphandrier à chaque expiration et qui viennent crever en surface.

Chaque homme plonge deux fois par jour. Le travail au fond est très pénible. Il faut marcher le plus vite possible pour trouver un maximum d'éponges et il ne fait pas chaud à cinquante ou soixante mètres : seize à dix-huit degrés en plein été. Malgré d'épais vêtements, les scaphandriers remontent souvent engourdis par le froid et sont bien contents de se retrouver au soleil.

— *Foréma !* crie Stratis.

Le *markoutsi* (1) avertit Vangélis que son temps de travail est bientôt terminé. Dans quelques minutes il devra remonter.

Apostoli, le suivant, revêt la *foréma,* combinaison de tissu caoutchouté sur laquelle se fixe le *torako* (1). Avec les lourdes chaussures à semelles de plomb, le casque, les lests de dos et de poitrine, son poids augmente d'une quarantaine de kilos.

(1) L'homme d'équipage qui manœuvre le tuyau d'air, etc.

Entre chaque plongée, Costas enfile les éponges sur une cordelle à l'aide d'une grosse aiguille à coudre les sacs, avant de les hisser en chapelets dans la mâture. En fin de journée elles sont remises à la mer, le long du bord, et passent toute la nuit ballottées par les vagues. Le lendemain elles ont perdu leur peau noire et les hommes les mettent en sac.

Les jours se ressemblent comme les œufs d'un même panier. Je commence à trouver le temps long, j'ai si peu de place pour bouger !

Dès dix heures le soleil tape dur et l'ombre est bien rare. Si au moins je pouvais me baigner, mais le caïque ne s'arrête jamais.

Depuis le début de la campagne, Ivan a déjà plongé deux fois en scaphandre autonome pour filmer, avec une simple bouteille d'air comprimé attachée sur le dos, comme un sac de berger.

Ce matin, la mer est calme. Tout à coup, le plongeur crie dans le téléphone qu'il est tombé sur un immense banc d'éponges. Papa stoppe le caïque. Anna me prête son masque et son tuba et, avec Ivan, nous sautons à l'eau.

En bas, très loin au-dessous, suspendu à une traîne de bulles scintillantes, le scaphandrier, penché en avant, se déplace péniblement au milieu des rochers. De temps à autre il s'arrête, s'agenouille, arrache une éponge et repart.

En moins de vingt minutes son filet est plein à craquer et il demande à remonter.

(1) La collerette de cuivre.

L'*Aghios Spiridon.*

ΑΓ. ΣΠΥΡΙΔΩΝ 716
ΑΓ. ΣΠΥΡΙΔΩΝ 716

Papa m'a expliqué que le retour vers la surface doit se faire très lentement, par paliers, afin d'éviter les terribles accidents de décompression qui risquent de paralyser le plongeur à vie.

Dans quelques années, quand j'irai à l'école de plongée, j'apprendrai tous ces dangers et comment les éviter. Pour le moment, c'est trop compliqué pour moi, il y a trop de mots que je ne comprends pas.

Maintenant, le scaphandrier n'est plus qu'à une dizaine de mètres. Ivan descend vers lui et fait quelques photos.

Tout ce bleu, cette eau froide et sans fond me donnent le frisson et je me dis soudain qu'il faut du courage pour être pêcheur d'éponges...

— *Salpa !* crie enfin le *markoutsi.* (Remonte !)

Le plongeur a fini ses paliers et fait surface.

Tout rond, tout gonflé d'air, il s'agrippe à l'échelle. Christos attrape le filet et papa dévisse le casque. L'air s'échappe en sifflant et la combinaison s'affaisse comme un ballon crevé.

Ce soir, nous touchons l'île de Karpathos. Il est minuit et le village de Diaphani dort sous les étoiles.

Aux premiers rayons du soleil, les hommes font sécher les éponges sur la plage puis les trient par qualité : *kapadika* et *traganis,* à gros trous pour laver les parquets et essuyer les tableaux noirs ; *lagofita,* fines et douces, réservées à la toilette.

Ensuite, la récolte est pesée, bourrée dans des sacs et expédiée à Kalymnos par le courrier des îles.

A Diaphani, les gens sont très gentils et le défilé des présents a commencé au lever du jour.

C'est à qui nous apportera le café,

Extraits de film : Le plongeur au fond.

Karpathos, le village de Diaphani.

La récolte est pesée, bourrée dans des sacs.

Ici, tout est différent de chez nous.

l'eau fraîche..., du pain, du miel et des amandes puis, plus tard dans la matinée, du fromage, des tomates et du vin.

En échange, nous offrons des éponges, c'est tout ce que nous avons.

Ici, c'est bien différent de chez nous. Les gens parlent avec un drôle d'accent traînant et les femmes portent un habit encore plus beau que celui de grand-mère Cathérini les jours de *panégirie* (1) : une longue robe blanche tombant jusqu'aux chevilles et, par-dessus, le *kavail,* sorte de manteau bleu ou noir. Elles sont coiffées d'un grand foulard et chaussées de bottes en peau de chèvre.

Du *mandili* aux bottes en passant par le *podia,* le tablier, tout est brodé de couleurs vives.

J'espère que Maria sera aussi habillée

---

(1) Fête religieuse.

Olympos.

en Karpatika (1), ce costume me plaît beaucoup.

Le plein d'eau douce est fait, papa a acheté des pains dont les femmes ont bien voulu se priver.

Pour le mazout, il fera escale à Pigadia, le vrai port de l'île, à quelques milles dans le sud.

Le soleil a plongé depuis longtemps derrière les collines. Une à une, les lampes à pétrole s'allument aux fenêtres. Au bord de l'eau, le *caféníon* est en fête.

Yannis, le *cafédzis* (2), ruisselant de sueur, porte les plats à la ronde ; les bouteilles circulent, les hommes rient, chantent, racontent des histoires. Il est rare qu'un équipage en campagne touche terre et ils profitent de l'aubaine.

Pour les gens de Diaphani, cet événement est aussi l'occasion de s'amuser. Joueurs de *lira* et de *laouto* grattent leurs instruments et les hommes se mettent à danser...

— *Opa! Ijiassou palikari... Ijiassou!* (1)...

Papa se lève et, seul, se lance dans un *kalymniotiko* (2) endiablé. Il saute, s'envole, tourne, tape du talon, rebondit !

— *Ijiassou* Diamantis ! (3)...

La fumée me pique les yeux, je lutte contre le sommeil pour ne rien perdre de cette soirée.

— *Ijiassou* papa ! (4)...

Plus tard, bien plus tard, je sens des

(1) Femme de Karpathos.
(2) Le cafetier.

(1) (3) (4) Interpellations amicales.
(2) Danse typique de Kalymnos.

Le *soufas* de bois sculpté.

Plusieurs moulins tournent, toutes voiles dehors.

bras m'emporter, je n'entends plus rien, je suis loin, loin...

— Allez, debout, Spiros ! me crie Ivan en me tirant par les pieds.

D'un bond je suis dehors. La mer est vide, l'*Aghios Spiridon* a levé l'ancre, je ne le reverrai que dans quatre ou cinq mois.

Yannis est l'heureux propriétaire d'un triporteur, une vieille moto allemande derrière laquelle il a bricolé une caisse et deux banquettes, le tout pompeusement baptisé : AUTOBUS !

Quelques drachmes le décident à nous emmener jusqu'à Olympos. Nous nous calons tant bien que mal et, après force pétarades, l'engin démarre dans un tourbillon de fumée. La route grimpe en lacets ; je dis la route, mais ce n'est qu'un chemin muletier, à peine tracé.

Le triporteur tangue comme un bateau et soulève un long nuage de poussière dans son sillage.

— *Fourtouna !* (tempête) nous crie Ivan entre deux cahots, et nous éclatons de rire sans toutefois lâcher le bastingage !

Une heure plus tard, nous sommes en vue d'Olympos.

Bâti à flanc de colline, à cheval sur un col, le village domine la profonde vallée que nous venons d'escalader. Tout en haut, émergeant des maisons, le clocher de l'église pointe dans le ciel tel un phare.

Face au nord, une enfilade de moulins attend la visite de Monsieur le Vent.

Yannis, profitant du voyage, a monté quelques caisses de poissons frais et souffle dans un gros coquillage pour avertir les femmes. Entre deux coups

Le moulin d'Irini a plus de trois cents ans.

de trompe, il nous montre la maison de ma cousine.

Une ruelle, une place, de longues marches taillées dans le roc, une porte marron..., nous y voilà.

— Tu es Maria?

— Oui.

— Je suis ton cousin Spiros, de Kalymnos.

— Spiros! *Panaghiamou... Kalos oristé, ti kanis, ti mou lès kalé, pérasté, pérasté !* (1)...

Et Maria, pleurant et riant à la fois, alerte ses voisines :

— Katina, Kaliopi, Irini ! C'est Spiros, mon cousin !

... et elles se joignent aux litanies de bienvenue.

(1) Paroles de bienvenue (Spiros ! Bienvenue... Qu'est-ce que tu fais, qu'est-ce que tu me racontes, entre, entre !..).

Et on me serre, et on m'embrasse...

Je fais les présentations, et alors commence la journée des *glika koutaliou.*

Nous passons l'après-midi à faire la tournée des parents. Dans chaque maison on nous offre le *gliko koutaliou* de l'hospitalité : une cuillerée de gelée de pétales de roses ou un loukoum accompagné du rituel verre d'eau.

La coutume veut qu'on déguste le *gliko* et dépose la cuillère dans le verre vide. Ainsi, tout le monde est content..., sauf Anna et Ivan qui, au bout d'une vingtaine de maisons, ne veulent plus me suivre.

A Diaphani, à Olympos, il n'y a que des femmes et des enfants, ou presque. Ivan m'explique que dans beaucoup d'îles de la mer Égée, où la terre est pauvre, la plupart des hommes doivent

partir à l'étranger gagner leur vie. C'est pour ça que les parents de Maria sont en Australie.

Ici, les maisons sont plus belles que chez nous, surtout à l'intérieur.

Dans la pièce principale, la plus vaste, se trouve le *soufas,* grande estrade de bois sculpté sur laquelle on étend des matelas pour dormir.

Formant une guirlande au ras du plafond, plusieurs rangs de plats et d'assiettes décorent les murs.

Dans un coin les icônes (1), éclairées jour et nuit par une veilleuse.

A part les coffres de bois, une table et un banc, il n'y a pas de meuble. Tout est propre et bien rangé, ça sent la lampe à huile et la cire d'abeilles.

(1) Images pieuses.

Ce soir, Maria fait un énorme *baklava,* épais gâteau plein de noix, d'amandes et de miel, dont elle tient la recette de sa grand-mère.

Elle prépare aussi des petites couronnes de pain qui, une fois desséchées au four, se conserveront pendant des mois. A Pâques, on met de gros œufs peints au milieu et ces *koulouria,* pendus au plafond, porteront bonheur jusqu'à l'année suivante.

— Pourvu que le vent se lève demain, nous dit Maria en nous souhaitant une bonne nuit, je n'ai bientôt plus de farine et le grain attend dans les sacs.

... Et le lendemain le vent s'est levé, aidant les uns à moudre le grain, gênant les autres qui, depuis l'aube, chauffent les fours.

Dans le bleu du petit matin, plusieurs

Saria, l'île des chèvres.

Pétros et son *tsambouna.*

moulins tournent, toutes voiles dehors, pendant qu'au pied des falaises la mer blanchit sous les rafales du *meltémi* (1).

Nous passons devant un four qui avale en crépitant fagots et touffes de thym odorant. Dans un autre, les femmes rangent les pains. Elles se hâtent pour ne pas laisser échapper la précieuse chaleur si vite emportée par le vent.

Maria laisse ses *koulouria* au four de Kaliopi et nous courons au moulin.

Celui d'Irini a plus de trois siècles. Dans la tour de pierres sèches, les lourdes meules craquent, gémissent sous la poussée des ailes.

Quand le vent est régulier, les femmes restent sur le pas de la porte à coudre ou à broder, garnissant de fleurs multicolores draps, nappes et foulards.

— Spiros, entends-tu le *tsambouna* de Pétros ?

(1) Vent très violent.

Là-haut sur le plateau, Pétros le chevrier rassemble son troupeau.

Si Pétros est le meilleur joueur de *tsambouna,* Tassos le Crétois n'a pas son pareil pour les fabriquer. Tanner la peau de chevreau, la coudre, l'enduire, former une outre sans fuite..., percer le cornet, accorder les notes, tout ça n'a pas de mystère pour lui.

— Écoute, Spiros, cette musique qui parle aux chèvres !

Nous avons prévu le retour à Kalymnos longtemps à l'avance, car il n'y a qu'un bateau par semaine. C'est ce soir que passe le *Despina.*

Maria est venue nous accompagner jusqu'en bas du village où Yannis nous attend. Je lui ai promis de lui écrire. Elle espère pouvoir venir à Kalymnos à l'automne, quand papa sera rentré de Libye.

Ivan lui a fait cadeau d'un réchaud à pétrole, comme ça, elle n'aura plus à allumer le feu de bois en été pour faire sa cuisine.

Maria a brodé un joli napperon avec le prénom d'Anna et le lui offre.

Yannis s'impatiente, il a à faire à Diaphani.

Nous quittons Olympos alors que le soleil entame sa course à l'horizon. La journée sera belle et ventée.

Tout en roulant, Yannis nous dit qu'il doit aller à Saria, aider au passage des bêtes. Ivan le questionne, très vite emballé par ce qu'il lui raconte.

Aussitôt arrivés à Diaphani, nous sautons dans sa barque, direction « l'île des chèvres ».

Cet îlot est situé dans le nord de Karpathos. Quelques femmes y entretiennent des lopins de terre et y font paître leurs chèvres.

Je brûle un peu d'encens au *monastiraki* d'Aghios Nikolaos.

Au printemps, ces Karpatika passent sur Saria avec leurs bêtes de somme pour cultiver et y restent toute la belle saison.

Un étroit bras de mer sépare les deux îles et on fait traverser les animaux à la nage.

La mer se lève, chevaux et mulets rechignent à se mettre à l'eau. Ivan tire sur les longes, les femmes crient, poussent, tapent sur les croupes à grandes claques sonores.

Les deux premiers se décident. Yannis souque sur les avirons, et les mulets, docilement, se mettent à nager. Deux, puis deux encore suivent sans problème.

Après les sacs de grain, les coffres de ménage et autres ballots, le « passage » est terminé. Yannis embarque les femmes, les dépose sur Saria et nous rebroussons chemin.

A Kalymnos, il n'y a presque pas de bateaux dans le port.

Le courrier n'aborde pas à Diaphani. Le bateau stoppe au large le temps de transborder colis et passagers puis continue sa route.

Avant de partir, je cours vite brûler un peu d'encens au *monastiraki* (1) d'Aghios Nicolaos, juste au-dessus de Diaphani.

— *Erkété to karavi !* (Le bateau arrive !)

Nous prenons place à bord du caïque ; des Karpatika sont aussi du voyage, elles vont à Rhodes vendre de pleins paniers de *koulouria.*

Quel vieux rafiot, ce *Despina,* mangé de rouille, puant le mazout et la crotte de bique. Il me rappelle le vieil autobus de chez nous qui va du port à l'autre bout de l'île, s'arrêtant ici pour prendre le pope, là Michalio et ses chevreaux, plus loin Aphroditi ou Cléo avec leurs sacs de mandarines ou d'olives.

(1) Un monastiraki est un oratoire dédié à tel ou tel saint.

Sur le pont je retrouve les mêmes odeurs, les mêmes gens qui dorment, mangent, rient ou chantent.

Quand la mer est mauvaise, les femmes n'ont pas assez de saints auxquels se vouer et passent le voyage en lamentations, cachées sous leurs couvertures.

Ce soir le temps est au beau et c'est sur une mer d'huile que nous quittons Karpathos.

A Kalymnos, il n'y a presque pas de bateaux dans le port, tous les caïques sont en campagne.

Par contre, sur les quais, les places, les terrasses, les montées d'escaliers, il y a des éponges partout. La moisson de la mer arrive de toutes parts.

Le cliquetis des ciseaux se répercute d'une ruelle à l'autre.

Devant les maisons, des façonneurs taillent, arrondissent les éponges, leur donnent une forme commerciale. Plus tard, après être passées dans divers bains, elles auront la belle couleur dorée des éponges de toilette.

J'ai retrouvé Yorgo et nous allons chaque jour à la mer.

Ivan m'apprend à plonger et nous pêchons des *achinious,* des oursins.

Un filet, une fourchette, et nous voilà équipés.

Du côté de Linaria, des criques peu profondes abritent des herbiers de posidonies (1) et nous nous en donnons à cœur joie.

J'apprends aussi comment attirer les poissons autour de moi : je plonge, m'accroche à un rocher, brise un oursin, et aussitôt des dizaines de girelles et de sarans viennent se régaler dans ma main, comme des papillons sur une fleur.

Quand nos filets sont pleins de ces boules piquantes, nous les ouvrons et Anna les vide dans un plat. Arrosées d'huile d'olive et de citron, hum ! on s'en lèche les quatre doigts... et le pouce.

L'été se termine après des vacances bien remplies.

L'école me fait un peu oublier le départ d'Anna et d'Ivan. Ils m'ont promis de revenir l'année prochaine et l'hiver sera bien long sans eux.

Chaque semaine, j'accompagne maman à la liturgie. J'aime bien écouter Papa Manoli chanter les psaumes de sa belle voix de basse.

(1) Plantes aquatiques.

En rentrant chez lui, il s'arrête souvent prendre des nouvelles de papa. Il aime bien s'attarder devant une tasse de café et me lire des histoires sur la Grèce antique, la mythologie, les aventures des dieux, les combats des guerriers et le siège de Troie.

Bien sûr, comme me dit grand-mère, c'est plus instructif que *Mickey-Mouse,* mais c'est moins rigolo !...

Ce matin le maître écrit au tableau : « Samedi 27 octobre. Racontez une de vos plus belles journées de vacances. »

J'ai tellement de choses à dire que je ne sais pas par où commencer.

Soudain une cloche, puis deux, puis toutes se mettent à sonner. Un regard à l'instituteur... et nous dévalons vers le port.

Le *Delphini,* l'*Albatros,* le *Tripolitis* doublent la jetée. Ils n'ont pas encore accosté que tout le monde est là pour les accueillir.

Marcos, le capitaine du *Tripolitis,* m'annonce que l'*Aghios Spiridon* est en carénage à Kassos après une avarie d'hélice et m'assure qu'il ne va pas tarder.

Les jours suivants, d'autres sont arrivés : *Kyma, Glaros, Théologos, Aghios Stéphanos...*

Dès que nous entendons les campanes, nous courons au port, la gorge serrée. Chacun de nous attend son père, son frère, un oncle ou un cousin...

Il pleut. Je suis remonté trempé de l'école. Maman me prépare un bol de lait brûlant et m'envoie me coucher.

Tard dans la nuit, je ne dors toujours pas. Tout est silencieux. Devant la porte, la tonnelle s'égoutte sur les dalles de la terrasse. La pluie a cessé.

Ivan m'apprend à plonger.

Nous pêchons de pleins paniers d'oursins.

Papa Manoli me lit des histoires.

Tout à coup, il me semble entendre des pas. Mon cœur s'arrête de battre. La grille du jardin grince dans ses gonds. Je saute du lit, ouvre la porte et me retrouve dans les bras de papa.

Maman aussi a entendu et fond en larmes en refaisant son chignon.

J'allume la lampe à pétrole. Papa, le visage tanné par le soleil, les yeux rougis par le vent et un peu vieilli par six mois de dur travail à la mer, pose son sac, s'assoit et demande à manger. Le vin de ses vignes, le pain de son froment lui font retrouver le goût de la terre.

— *S'ijiassas pedia!* (A votre santé, mes enfants !) *Capétanios* Diamantis est revenu !

Cet album dont la sélection et les films
ont été exécutés par la Photogravure A.S.T.O. à Paris
a été achevé d'imprimer
sur les Presses de Bernard Neyrolles - Imprimerie Lescaret
à Paris

Dépôt légal n° 2975 — 1er trimestre 1977 — Avril 1977

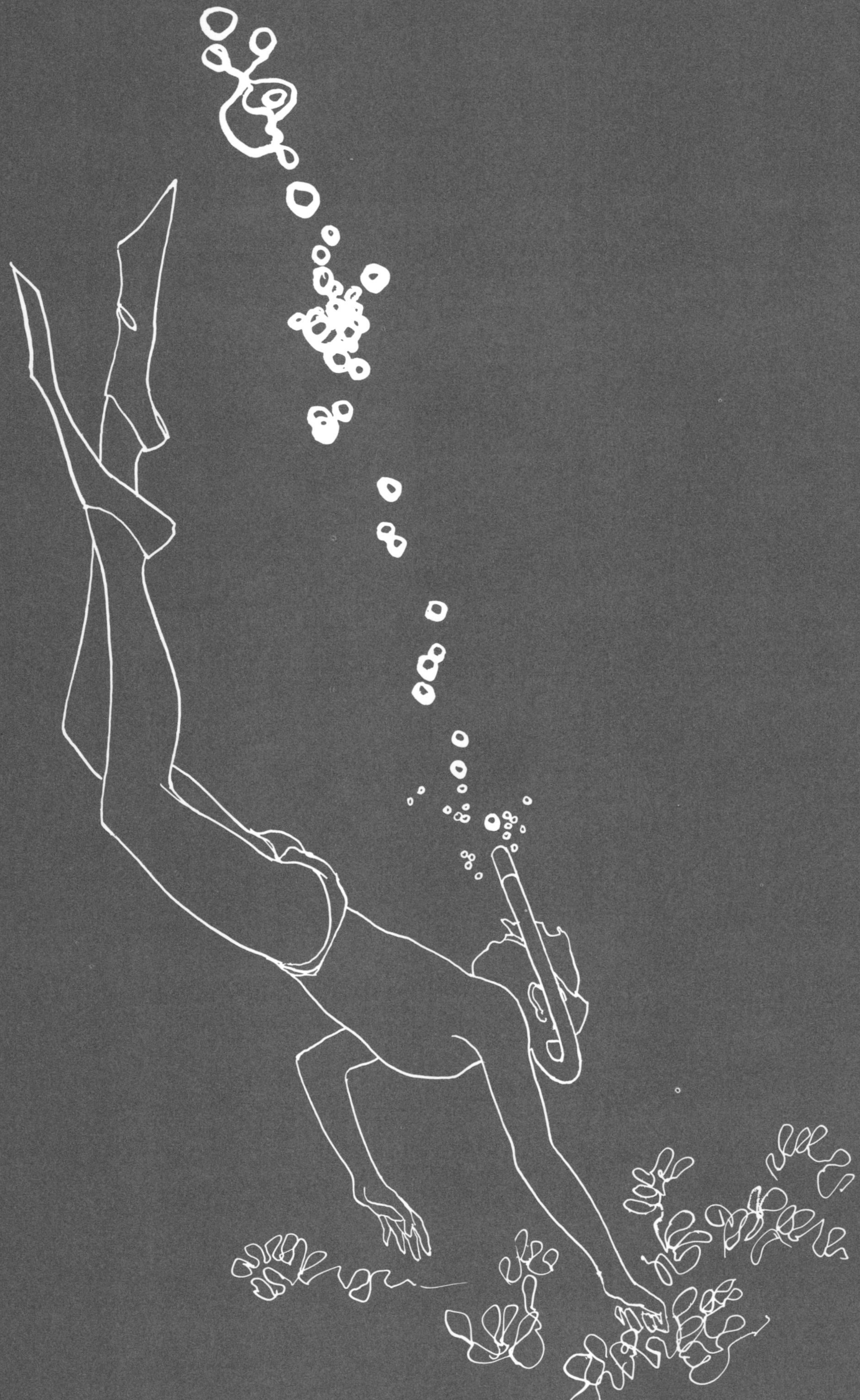